www.pinhok.com

Introduction

This Book

This vocabulary book is a curated word frequency list with 2000 of the most commonly used words and phrases. It is not a conventional all-in-one language learning book but rather strives to streamline the learning process by concentrating on early acquisition of the core vocabularies. The result is a unique vocabulary book ideal for driven learners and language hackers.

Learning Community

If you find this book helpful, do us and other fellow learners a favour and leave a comment wherever you bought this book explaining how you use this book in your learning process. Your thoughts and experiences can help and have a positive impact on numerous other language learners around the world. We are looking forward to your stories and thank you in advance for your insights!

Pinhok Languages

Pinhok Languages strives to create language learning products that support learners around the world in their mission of learning a new language. In doing so, we combine best practice from various fields and industries to come up with innovative products and material.

The Pinhok Team hopes this book can help you with your learning process and gets you to your goal faster. Should you be interested in finding out more about us, please go to our website www.pinhok.com. For feedback, error reports, criticism or simply a quick "hi", please also go to our website and use the contact form.

Disclaimer of Liability

THIS BOOK IS PROVIDED "AS IS", WITHOUT WARRANTY OF ANY KIND, EXPRESSED OR IMPLIED, INCLUDING BUT NOT LIMITED TO THE WARRANTIES OF MERCHANTABILITY, FITNESS FOR A PARTICULAR PURPOSE AND NONINFRINGEMENT. IN NO EVENT SHALL THE AUTHORS OR COPYRIGHT HOLDERS BE LIABLE FOR ANY CLAIM, DAMAGES OR OTHER LIABILITY, WHETHER IN AN ACTION OF CONTRACT, TORT OR OTHERWISE, ARISING FROM, OUT OF OR IN CONNECTION WITH THE BOOK OR THE USE OR OTHER DEALINGS IN THE BOOK.

Copyright © 2018 Pinhok.com. All Rights Reserved

1 - 25

I	ja
you (singular)	ty
he	on
she	ona
it	ono
we	my
you (plural)	wy
they	oni / one
what	co
who	kto
where	gdzie
why	dlaczego
how	jak
which	który
when	kiedy
then	następnie
if	gdyby
really	naprawdę
but	ale
because	ponieważ
not	nic
this	to
I need this	Potrzebuję tego
How much is this?	Ile to kosztuje?
that	tamto

26 - 50

all	wszystko
or	lub
and	i
to know	wiedzieć
I know	Wiem
I don't know	Nie wiem
to think	myśleć
to come	przychodzić
You definitely have to come	Musisz przyjść
to put	kłaść
to take	brać
to find	znaleźć
to listen	słuchać
to work	pracować
to talk	mówić
to give (somebody something)	dawać
to like	lubić
to help	pomagać
Can you help me?	Czy możesz mi pomóc?
to love	kochać
to call	telefonować
to wait	czekać
I like you	Lubię cię
I don't like this	Nie lubię tego
Do you love me?	Kochasz mnie?

51 - 75

I love you	Kocham cię
0	zero
1	jeden
2	dwa
3	trzy
4	cztery
5	pięć
6	sześć
7	siedem
8	osiem
9	dziewięć
10	dziesięć
11	jedenaście
12	dwanaście
13	trzynaście
14	czternaście
15	piętnaście
16	szesnaście
17	siedemnaście
18	osiemnaście
19	dziewiętnaście
20	dwadzieścia
new	nowy
old (not new)	stary
few	mało

76 - 100

many	wiele
how much?	ile?
how many?	ile?
wrong	błędny
correct	poprawny
bad	zły
good	dobry
happy	szczęśliwy
short (length)	krótki
long	długi
small	mały
big	duży
there	tam
here	tutaj
right	prawo
left	lewo
beautiful	piękny
young	młody
old (not young)	stary
hello	cześć
see you later	do zobaczenia
ok	ok
take care	uważaj na siebie
don't worry	nie martw się
of course	oczywiście

101 - 125

good day	dobry dzień
hi	cześć
bye bye	pa pa
good bye	do widzenia
excuse me	przepraszam pana/panią
sorry	przepraszam
thank you	dziękuję
please	proszę
I want this	chcę tego
now	teraz
afternoon	popołudnie
morning (9:00-11:00)	przedpołudnie
night	noc
morning (6:00-9:00)	rano
evening	wieczór
noon	południe
midnight	północ
hour	godzina
minute	minuta
second (time)	sekunda
day	dzień
week	tydzień
month	miesiąc
year	rok
time	czas

126 - 150

date (time)	data
the day before yesterday	przedwczoraj
yesterday	wczoraj
today	dzisiaj
tomorrow	jutro
the day after tomorrow	pojutrze
Monday	poniedziałek
Tuesday	wtorek
Wednesday	środa
Thursday	czwartek
Friday	piątek
Saturday	sobota
Sunday	niedziela
Tomorrow is Saturday	Jutro jest sobota
life	życie
woman	kobieta
man	mężczyzna
love	miłość
boyfriend	chłopak
girlfriend	dziewczyna
friend	przyjaciel
kiss	pocałunek
sex	seks
child	dziecko
baby	dziecko

151 - 175

girl	dziewczynka
boy	chłopiec
mum	mama
dad	tata
mother	matka
father	ojciec
parents	rodzice
son	syn
daughter	córka
little sister	młodsza siostra
little brother	młodszy brat
big sister	starsza siostra
big brother	starszy brat
to stand	stać
to sit	siedzieć
to lie	leżeć
to close	zamykać
to open (e.g. a door)	otwierać
to lose	przegrywać
to win	wygrywać
to die	umierać
to live	żyć
to turn on	włączyć
to turn off	wyłączyć
to kill	zabijać

176 - 200

to injure	skaleczyć się
to touch	dotykać
to watch	oglądać
to drink	pić
to eat	jeść
to walk	chodzić
to meet	spotykać się
I am looking forward to seeing you	Czekam na nasze spotkanie
to bet	zakładać się
to kiss	pocałować
to follow	podążać
to marry	poślubić
to answer	odpowiadać
to ask	pytać
question	pytanie
company	firma
business	biznes
job	praca
money	pieniądze
telephone	telefon
office	biuro
doctor	lekarz
hospital	szpital
nurse	pielęgniarka
policeman	policjant

201 - 225

president (of a state)	prezydent
Do you have a phone?	Masz telefon?
My telephone number is one four three two eight seven five four three	Mój numer telefonu to jeden cztery trzy dwa osiem siedem pięć cztery trzy
white	biały
black	czarny
red	czerwony
blue	niebieski
green	zielony
yellow	żółty
slow	wolny
quick	szybki
funny	zabawny
unfair	niesprawiedliwy
fair	sprawiedliwy
difficult	trudny
easy	łatwy
This is difficult	To jest trudne
rich	bogaty
poor	biedny
strong	silny
weak	słaby
safe (adjective)	bezpieczny
tired	zmęczony
proud	dumny
full (from eating)	najedzony

226 - 250

sick	chory
healthy	zdrowy
angry	gniewny
low	niski
high	wysoki
straight (line)	prosty
every	każdy
always	zawsze
actually	faktycznie
again	jeszcze raz
already	już
less	mniej
most	najwięcej
more	więcej
I want more	Chcę więcej
none	żaden
very	bardzo
animal	zwierzę
pig	świnia
cow	krowa
horse	koń
dog	pies
sheep	owca
monkey	małpa
cat	kot

251 - 275

bear	niedźwiedź
chicken (animal)	kurczak
duck	kaczka
butterfly	motyl
bee	pszczoła
fish (animal)	ryba
Usually I don't eat fish	Zwykle nie jem ryb
spider	pająk
snake	wąż
I have a dog	Mam psa
outside	na zewnątrz
inside	wewnątrz
far	daleko
close	blisko
below	pod
above	ponad
beside	obok
front	przód
back (position)	tył
sweet	słodki
sour	kwaśny
strange	dziwny
soft	miękki
hard	twardy
cute	uroczy

276 - 300

stupid	głupi
crazy	zwariowany
busy	zajęty
tall	wysoki
short (height)	niski
worried	zmartwiony
surprised	zaskoczony
cool	wyluzowany
well-behaved	grzeczny
evil / bad	zły
clever	sprytny
cold (adjective)	zimny
hot (temperature)	gorący
head	głowa
nose	nos
hair	włos
mouth	usta
ear	ucho
eye	oko
hand	ręka
foot	stopa
heart	serce
brain	mózg
to pull (... open)	ciągnąć
to push (... open)	pchać

301 - 325

to press (a button)	nacisnąć
to hit	uderzać
to catch	łapać
to fight	walczyć
to throw	rzucać
to run	biegać
to read	czytać
to write	pisać
to fix	naprawiać
to count	liczyć
to cut	ciąć
to sell	sprzedawać
to buy	kupować
to pay	płacić
to study	uczyć się
to dream	marzyć
to sleep	spać
to play	grać
to celebrate	obchodzić
to rest	odpoczywać
to enjoy	cieszyć się
to clean	sprzątać
school	szkoła
house	dom
door	drzwi

326 - 350

husband	mąż
wife	żona
wedding	ślub
person	osoba
car	samochód
home	dom
city	miasto
number	liczba
21	dwadzieścia jeden
22	dwadzieścia dwa
26	dwadzieścia sześć
30	trzydzieści
31	trzydzieści jeden
33	trzydzieści trzy
37	trzydzieści siedem
40	czterdzieści
41	czterdzieści jeden
44	czterdzieści cztery
48	czterdzieści osiem
50	pięćdziesiąt
51	pięćdziesiąt jeden
55	pięćdziesiąt pięć
59	pięćdziesiąt dziewięć
60	sześćdziesiąt
61	sześćdziesiąt jeden

351 - 375

62	sześćdziesiąt dwa
66	sześćdziesiąt sześć
70	siedemdziesiąt
71	siedemdziesiąt jeden
73	siedemdziesiąt trzy
77	siedemdziesiąt siedem
80	osiemdziesiąt
81	osiemdziesiąt jeden
84	osiemdziesiąt cztery
88	osiemdziesiąt osiem
90	dziewięćdziesiąt
91	dziewięćdziesiąt jeden
95	dziewięćdziesiąt pięć
99	dziewięćdziesiąt dziewięć
100	sto
1000	tysiąc
10.000	dziesięć tysięcy
100.000	sto tysięcy
1.000.000	milion
my dog	mój pies
your cat	twój kot
her dress	jej sukienka
his car	jego auto
its ball	jego / jej piłka
our home	nasz dom

376 - 400

your team	wasz zespół
their company	ich firma
everybody	wszyscy
together	razem
other	inny
doesn't matter	nie szkodzi
cheers	na zdrowie
relax	wyluzuj
I agree	zgadzam się
welcome	witamy
no worries	nie ma problemu
turn right	skręć w prawo
turn left	skręć w lewo
go straight	idź prosto
Come with me	chodź ze mną
egg	jajko
cheese	ser
milk	mleko
fish (to eat)	ryba
meat	mięso
vegetable	warzywo
fruit	owoc
bone (food)	kość
oil	olej
bread	chleb

401 - 425

sugar	cukier
chocolate	czekolada
candy	cukierek
cake	ciasto
drink	napój
water	woda
soda	woda gazowana
coffee	kawa
tea	herbata
beer	piwo
wine	wino
salad	sałatka
soup	zupa
dessert	deser
breakfast	śniadanie
lunch	obiad
dinner	kolacja
pizza	pizza
bus	autobus
train	pociąg
train station	stacja kolejowa
bus stop	przystanek autobusowy
plane	samolot
ship	statek
lorry	ciężarówka

426 - 450

bicycle	rower
motorcycle	motocykl
taxi	taksówka
traffic light	sygnalizacja świetlna
car park	parking
road	droga
clothing	ubranie
shoe	but
coat	płaszcz
sweater	sweter
shirt	koszula
jacket	kurtka
suit	garnitur
trousers	spodnie
dress	sukienka
T-shirt	koszulka
sock	skarpetka
bra	biustonosz
underpants	slipy
glasses	okulary
handbag	torebka
purse	portmonetka
wallet	portfel
ring	pierścionek
hat	kapelusz

451 - 475

watch	zegarek
pocket	kieszeń
What's your name?	Jak masz na imię?
My name is David	Mam na imię David
I'm 22 years old	Mam 22 lata
Sorry, I'm a little late	Przepraszam, trochę się spóźniłem
How are you?	Jak się masz?
Are you ok?	Czy wszystko w porządku?
Where is the toilet?	Gdzie jest toaleta?
I miss you	Tęsknię za tobą
spring	wiosna
summer	lato
autumn	jesień
winter	zima
January	styczeń
February	luty
March	marzec
April	kwiecień
May	maj
June	czerwiec
July	llpiec
August	sierpień
September	wrzesień
October	październik
November	listopad

476 - 500

December	grudzień
shopping	zakupy
bill	rachunek
market	rynek
supermarket	supermarket
building	budynek
apartment	apartament
university	uniwersytet
farm	gospodarstwo rolne
church	kościół
restaurant	restauracja
bar	bar
gym	siłownia
park	park
toilet (public)	toaleta
map	mapa
ambulance	ambulans
police	policja
gun	pistolet
firefighters	strażacy
country	kraj
suburb	przedmieście
village	wioska
health	zdrowie
medicine	medycyna

501 - 525

accident	wypadek
patient	pacjent
surgery	operacja
pill	pigułka
fever	gorączka
cold (sickness)	przeziębienie
wound	rana
appointment	wizyta
cough	kaszel
neck	szyja
bottom	pośladki
shoulder	ramię
knee	kolano
leg	noga
arm	ramię
belly	brzuch
bosom	biust
back (part of body)	plecy
tooth	ząb
tongue	język
lip	warga
finger	palec
toe	palec u nogi
stomach	żołądek
lung	płuco

526 - 550

liver	wątroba
nerve	nerw
kidney	nerka
intestine	jelito
colour	kolor
orange (colour)	pomarańczowy
grey	szary
brown	brązowy
pink	różowy
boring	nudny
heavy	ciężki
light (weight)	lekki
lonely	samotny
hungry	głodny
thirsty	spragniony
sad	smutny
steep	stromy
flat	płaski
round	okrągły
square (adjective)	kwadratowy
narrow	wąski
broad	szeroki
deep	głęboki
shallow	płytki
huge	ogromny

551 - 575

north	północ
east	wschód
south	południe
west	zachód
dirty	brudny
clean	czysty
full (not empty)	pełny
empty	pusty
expensive	drogi
This is quite expensive	To jest dość drogie
cheap	tani
dark	ciemny
light (colour)	jasny
sexy	seksowny
lazy	leniwy
brave	odważny
generous	hojny
handsome	przystojny
ugly	brzydki
silly	głupi
friendly	przyjazny
guilty	winny
blind	ślepy
drunk	pijany
wet	mokry

576 - 600

dry	suchy
warm	ciepły
loud	głośny
quiet	cichy
silent	bezgłośny
kitchen	kuchnia
bathroom	łazienka
living room	pokój dzienny
bedroom	sypialnia
garden	ogród
garage	garaż
wall	ściana
basement	piwnica
toilet (at home)	toaleta
stairs	schody
roof	dach
window (building)	okno
knife	nóż
cup (for hot drinks)	filiżanka
glass	szklanka
plate	talerz
cup (for cold drinks)	kubek
garbage bin	kosz na śmieci
bowl	miska
TV set	telewizor

601 - 625

desk	biurko
bed	łóżko
mirror	lustro
shower	prysznic
sofa	sofa
picture	obraz
clock	zegar
table	stół
chair	krzesło
swimming pool (garden)	basen
bell	dzwonek u drzwi
neighbour	sąsiad
to fail	nie zdać
to choose	wybierać
to shoot	strzelać
to vote	głosować
to fall	upadać
to defend	bronić
to attack	atakować
to steal	kraść
to burn	palić
to rescue	ratować
to smoke	palić
to fly	latać
to carry	nieść

626 - 650

to spit	pluć
to kick	kopać
to bite	gryźć
to breathe	oddychać
to smell	wąchać
to cry	płakać
to sing	śpiewać
to smile	uśmiechać się
to laugh	śmiać się
to grow	rosnąć
to shrink	kurczyć się
to argue	kłócić się
to threaten	grozić
to share	dzielić się
to feed	karmić
to hide	ukrywać
to warn	ostrzegać
to swim	pływać
to jump	skakać
to roll	toczyć
to lift	podnosić
to dig	kopać
to copy	kopiować
to deliver	dostarczać
to look for	szukać

651 - 675

to practice	ćwiczyć
to travel	podróżować
to paint	malować
to take a shower	brać prysznic
to open (unlock)	otwierać
to lock	zamykać
to wash	myć
to pray	modlić się
to cook	gotować
book	książka
library	biblioteka
homework	zadanie domowe
exam	egzamin
lesson	lekcja
science	nauka
history	historia
art	sztuka
English	język angielski
French	język francuski
pen	długopis
pencil	ołówek
3%	trzy procent
first	pierwszy
second (2nd)	drugi
third	trzeci

676 - 700

fourth	czwarty
result	wynik
square (shape)	kwadrat
circle	koło
area	powierzchnia
research	badania
degree	stopień naukowy
bachelor	licencjat
master	magister
x < y	x jest mniejszy niż y
x > y	x jest większy niż y
stress	stres
insurance	ubezpieczenie
staff	personel
department	departament
salary	wynagrodzenie
address	adres
letter (post)	list
captain	kapitan
detective	detektyw
pilot	pilot
professor	profesor
teacher	nauczyciel
lawyer	prawnik
secretary	sekretarka

701 - 725

assistant	asystent
judge	sędzia
director	dyrektor
manager	menedżer
cook	kucharz
taxi driver	taksówkarz
bus driver	kierowca autobusu
criminal	kryminalista
model	model
artist	artysta
telephone number	numer telefonu
signal (of phone)	sygnał
app	aplikacja
chat	czat
file	plik
url	adres URL
e-mail address	adres mailowy
website	strona internetowa
e-mail	e-mail
My email address is david at pinhok dot com	Mój adres e-mail to david małpa pinhok kropka com
mobile phone	telefon komórkowy
law	prawo
prison	więzienie
evidence	dowód
fine	grzywna

726 - 750

witness	świadek
court	sąd
signature	podpis
loss	strata
profit	zysk
customer	klient
amount	suma
credit card	karta kredytowa
password	hasło
cash machine	bankomat
swimming pool (competition)	basen
power	prąd
camera	aparat fotograficzny
radio	radio
present (gift)	prezent
bottle	butelka
bag	torba
key	klucz
doll	lalka
angel	anioł
comb	grzebień
toothpaste	pasta do zębów
toothbrush	szczoteczka do zębów
shampoo	szampon
cream (pharmaceutical)	krem

751 - 775

tissue	chusteczka higieniczna
lipstick	pomadka
TV	telewizja
cinema	kino
I want to go to the cinema	Chcę iść do kina
news	wiadomości
seat	siedzenie
ticket	bilet
screen (cinema)	ekran
music	muzyka
stage	scena
audience	publiczność
painting	malarstwo
joke	żart
article	artykuł
newspaper	gazeta
magazine	magazyn
advertisement	reklama
nature	natura
ash	popiół
fire (general)	ogień
diamond	diament
moon	Księżyc
earth	Ziemia
sun	Słońce

776 - 800

star	gwiazda
planet	planeta
universe	wszechświat
coast	wybrzeże
lake	jezioro
forest	las
desert (dry place)	pustynia
hill	wzgórze
rock (stone)	skała
river	rzeka
valley	dolina
mountain	góra
island	wyspa
ocean	ocean
sea	morze
weather	pogoda
ice	lód
snow	śnieg
storm	burza
rain	deszcz
wind	wiatr
plant	roślina
tree	drzewo
grass	trawa
rose	róża

801 - 825

flower	kwiat
gas	gaz
metal	metal
gold	złoto
silver	srebro
Silver is cheaper than gold	Srebro jest tańsze niż złoto
Gold is more expensive than silver	Złoto jest droższe niż srebro
holiday	wakacje
member	członek
hotel	hotel
beach	plaża
guest	gość
birthday	urodziny
Christmas	Święta Bożego Narodzenia
New Year	Nowy Rok
Easter	Wielkanoc
uncle	wujek
aunt	ciocia
grandmother (paternal)	babcia
grandfather (paternal)	dziadek
grandmother (maternal)	babcia
grandfather (maternal)	dziadek
death	śmierć
grave	grób
divorce	rozwód

826 - 850

bride	panna młoda
groom	pan młody
101	sto jeden
105	sto pięć
110	sto dziesięć
151	sto pięćdziesiąt jeden
200	dwieście
202	dwieście dwa
206	dwieście sześć
220	dwieście dwadzieścia
262	dwieście sześćdziesiąt dwa
300	trzysta
303	trzysta trzy
307	trzysta siedem
330	trzysta trzydzieści
373	trzysta siedemdziesiąt trzy
400	czterysta
404	czterysta cztery
408	czterysta osiem
440	czterysta czterdzieści
484	czterysta osiemdziesiąt cztery
500	pięćset
505	pięćset pięć
509	pięćset dziewięć
550	pięćset pięćdziesiąt

851 - 875

595	pięćset dziewięćdziesiąt pięć
600	sześćset
601	sześćset jeden
606	sześćset sześć
616	sześćset szesnaście
660	sześćset sześćdziesiąt
700	siedemset
702	siedemset dwa
707	siedemset siedem
727	siedemset dwadzieścia siedem
770	siedemset siedemdziesiąt
800	osiemset
803	osiemset trzy
808	osiemset osiem
838	osiemset trzydzieści osiem
880	osiemset osiemdziesiąt
900	dziewięćset
904	dziewięćset cztery
909	dziewięćset dziewięć
949	dziewięćset czterdzieści dziewięć
990	dziewięćset dziewięćdziesiąt
tiger	tygrys
mouse (animal)	mysz
rat	szczur
rabbit	królik

876 - 900

lion	lew
donkey	osioł
elephant	słoń
bird	ptak
cockerel	kogut
pigeon	gołąb
goose	gęś
insect	owad
bug	pluskwa
mosquito	komar
fly	mucha
ant	mrówka
whale	wieloryb
shark	rekin
dolphin	delfin
snail	ślimak
frog	żaba
often	często
immediately	natychmiast
suddenly	nagle
although	mimo że
I don't understand	Nie rozumiem
I'm David, nice to meet you	Mam na imię David, miło mi Cię poznać
Let's watch a film	Obejrzyjmy film
This is my girlfriend Anna	To jest moja dziewczyna Anna

901 - 925

Let's go home	Chodźmy do domu
I want a cold coke	Chcę zimną colę
gymnastics	gimnastyka
tennis	tenis
running	bieganie
cycling	kolarstwo
golf	golf
ice skating	łyżwiarstwo
football	piłka nożna
basketball	koszykówka
swimming	pływanie
diving (under the water)	nurkowanie
hiking	wędrówki piesze
United Kingdom	Wielka Brytania
Spain	Hiszpania
Switzerland	Szwajcaria
Italy	Włochy
France	Francja
Germany	Niemcy
Thailand	Tajlandia
Singapore	Singapur
Russia	Rosja
Japan	Japonia
Israel	Izrael
India	Indie

926 - 950

China	Chiny
The United States of America	Stany Zjednoczone Ameryki
Mexico	Meksyk
Canada	Kanada
Chile	Chile
Brazil	Brazylia
Argentina	Argentyna
South Africa	Południowa Afryka
Nigeria	Nigeria
Morocco	Maroko
Libya	Libia
Kenya	Kenia
Algeria	Algieria
Egypt	Egipt
New Zealand	Nowa Zelandia
Australia	Australia
Africa	Afryka
Europe	Europa
Asia	Azja
America	Ameryka
quarter of an hour	kwadrans
half an hour	pół godziny
three quarters of an hour	trzy kwadranse
1:00	pierwsza
2:05	pięć po drugiej

951 - 975

3:10	dziesięć po trzeciej
4:15	kwadrans po czwartej
5:20	dwadzieścia po piątej
6:25	dwadzieścia pięć po szóstej
7:30	wpół do ósmej
8:35	ósma trzydzieści pięć
9:40	za dwadzieścia dziesiąta
10:45	za kwadrans jedenasta
11:50	za dziesięć dwunasta
12:55	za pięć pierwsza
one o'clock in the morning	pierwsza w nocy
two o'clock in the afternoon	druga po południu
last week	w zeszłym tygodniu
this week	w tym tygodniu
next week	w przyszłym tygodniu
last year	w zeszłym roku
this year	w tym roku
next year	w przyszłym roku
last month	w zeszłym miesiącu
this month	w tym miesiącu
next month	w przyszłym miesiącu
2014-01-01	pierwszy stycznia dwa tysiące czternastego roku
2003-02-25	dwudziesty piąty lutego dwa tysiące trzeciego roku
1988-04-12	dwunasty kwietnia tysiąc dziewięćset osiemdziesiątego ósmego roku
1899-10-13	trzynasty października tysiąc osiemset dziewięćdziesiątego dziewiątego roku

976 - 1000

1907-09-30	trzydziesty września tysiąc dziewięćset siódmego roku
2000-12-12	dwunasty grudnia dwutysięcznego roku
forehead	czoło
wrinkle	zmarszczka
chin	podbródek
cheek	policzek
beard	broda
eyelashes	rzęsy
eyebrow	brew
waist	talia
nape	kark
chest	klatka piersiowa
thumb	kciuk
little finger	mały palec
ring finger	palec serdeczny
middle finger	palec środkowy
index finger	palec wskazujący
wrist	nadgarstek
fingernail	paznokieć
heel	pięta
spine	kręgosłup
muscle	mięsień
bone (part of body)	kość
skeleton	szkielet
rib	żebro

1001 - 1025

vertebra	kręg
bladder	pęcherz
vein	żyła
artery	tętnica
vagina	pochwa
sperm	sperma
penis	penis
testicle	jądro
juicy	soczysty
hot (spicy)	ostry
salty	słony
raw	surowy
boiled	gotowany
shy	nieśmiały
greedy	chciwy
strict	surowy
deaf	głuchy
mute	niemy
chubby	pucołowaty
skinny	chudy
plump	pulchny
slim	szczupły
sunny	słoneczny
rainy	deszczowy
foggy	mglisty

1026 - 1050

cloudy	zachmurzony
windy	wietrzny
panda	panda
goat	koza
polar bear	niedźwiedź polarny
wolf	wilk
rhino	nosorożec
koala	koala
kangaroo	kangur
camel	wielbłąd
hamster	chomik
giraffe	żyrafa
squirrel	wiewiórka
fox	lis
leopard	leopard
hippo	hipopotam
deer	jeleń
bat	nietoperz
raven	kruk
stork	bocian
swan	łabędź
seagull	mewa
owl	sowa
eagle	orzeł
penguin	pingwin

1051 - 1075

parrot	papuga
termite	termit
moth	ćma
caterpillar	gąsienica
dragonfly	ważka
grasshopper	konik polny
squid	kałamarnica
octopus	ośmiornica
sea horse	konik morski
turtle	żółw morski
shell	muszla
seal	foka
jellyfish	meduza
crab	krab
dinosaur	dinozaur
tortoise	żółw
crocodile	krokodyl
marathon	maraton
triathlon	triathlon
table tennis	tenis stołowy
weightlifting	podnoszenie ciężarów
boxing	boks
badminton	badminton
figure skating	łyżwiarstwo figurowe
snowboarding	snowboarding

1076 - 1100

skiing	narciarstwo
cross-country skiing	biegi narciarskie
ice hockey	hokej na lodzie
volleyball	siatkówka
handball	piłka ręczna
beach volleyball	siatkówka plażowa
rugby	rugby
cricket	krykiet
baseball	baseball
American football	futbol amerykański
water polo	piłka wodna
diving (into the water)	skoki do wody
surfing	surfing
sailing	żeglarstwo
rowing	wioślarstwo
car racing	wyścig samochodowy
rally racing	rajd wyścigowy
motorcycle racing	wyścigi motocyklowe
yoga	joga
dancing	taniec
mountaineering	alpinizm
parachuting	spadochroniarstwo
skateboarding	jazda na deskorolce
chess	szachy
poker	poker

1101 - 1125

climbing	wspinaczka
bowling	kręgle
billiards	bilard
ballet	balet
warm-up	rozgrzewka
stretching	rozciąganie
sit-ups	brzuszki
push-up	pompki
sauna	sauna
exercise bike	rower stacjonarny
treadmill	bieżnia
1001	tysiąc jeden
1012	tysiąc dwanaście
1234	tysiąc dwieście trzydzieści cztery
2000	dwa tysiące
2002	dwa tysiące dwa
2023	dwa tysiące dwadzieścia trzy
2345	dwa tysiące trzysta czterdzieści pięć
3000	trzy tysiące
3003	trzy tysiące trzy
4000	cztery tysiące
4045	cztery tysiące czterdzieści pięć
5000	pięć tysięcy
5678	pięć tysięcy sześćset siedemdziesiąt osiem
6000	sześć tysięcy

1126 - 1150

7000	siedem tysięcy
7890	siedem tysięcy osiemset dziewięćdziesiąt
8000	osiem tysięcy
8901	osiem tysięcy dziewięćset jeden
9000	dziewięć tysięcy
9090	dziewięć tysięcy dziewięćdziesiąt
10.001	dziesięć tysięcy jeden
20.020	dwadzieścia tysięcy dwadzieścia
30.300	trzydzieści tysięcy trzysta
44.000	czterdzieści cztery tysiące
10.000.000	dziesięć milionów
100.000.000	sto milionów
1.000.000.000	miliard
10.000.000.000	dziesięć miliardów
100.000.000.000	sto miliardów
1.000.000.000.000	bilion
to gamble	ryzykować
to gain weight	przybrać na wadze
to lose weight	stracić na wadze
to vomit	wymiotować
to shout	krzyczeć
to stare	gapić się
to faint	mdleć
to swallow	połykać
to shiver	drżeć

1151 - 1175

to give a massage	masować
to climb	wspinać się
to quote	cytować
to print	drukować
to scan	skanować
to calculate	liczyć
to earn	zarabiać
to measure	mierzyć
to vacuum	odkurzać
to dry	suszyć
to boil	gotować
to fry	smażyć
elevator	winda
balcony	balkon
floor	podłoga
attic	poddasze
front door	drzwi wejściowe
corridor	korytarz
second basement floor	druga piwnica
first basement floor	pierwsza piwnica
ground floor	parter
first floor	pierwsze piętro
fifth floor	piąte piętro
chimney	komin
fan	wentylator

1176 - 1200

air conditioner	klimatyzacja
coffee machine	ekspres do kawy
toaster	toster
vacuum cleaner	odkurzacz
hairdryer	suszarka
kettle	czajnik
dishwasher	zmywarka
cooker	kuchenka
oven	piekarnik
microwave	mikrofalówka
fridge	lodówka
washing machine	pralka
heating	grzejnik
remote control	pilot
sponge	gąbka
wooden spoon	drewniana łyżka
chopstick	pałeczka
cutlery	sztućce
spoon	łyżka
fork	widelec
ladle	chochla
pot	garnek
pan	patelnia
light bulb	żarówka
alarm clock	budzik

1201 - 1225

safe (for money)	sejf
bookshelf	półka na książki
curtain	zasłona
mattress	materac
pillow	poduszka
blanket	koc
shelf	półka
drawer	szuflada
wardrobe	szafa
bucket	wiadro
broom	miotła
washing powder	proszek do prania
scale	waga
laundry basket	kosz na pranie
bathtub	wanna
bath towel	ręcznik kąpielowy
soap	mydło
toilet paper	papier toaletowy
towel	ręcznik
basin	umywalka
stool	stołek
light switch	wyłącznik światła
calendar	kalendarz
power outlet	gniazdko elektryczne
carpet	dywan

1226 - 1250

saw	piła
axe	siekiera
ladder	drabina
hose	wąż gumowy
shovel	łopata
shed	szopa
pond	sadzawka
mailbox (for letters)	skrzynka na listy
fence	płot
deck chair	leżak
ice cream	lody
cream (food)	śmietana
butter	masło
yoghurt	jogurt
fishbone	ość
tuna	tuńczyk
salmon	łosoś
lean meat	chude mięso
fat meat	tłuste mięso
ham	szynka
salami	salami
bacon	boczek
steak	stek
sausage	kiełbasa
turkey	mięso z indyka

1251 - 1275

chicken (meat)	kurczak
beef	wołowina
pork	wieprzowina
lamb	jagnięcina
pumpkin	dynia
mushroom	grzyb
truffle	trufla
garlic	czosnek
leek	por
ginger	imbir
aubergine	bakłażan
sweet potato	batat
carrot	marchew ✓
cucumber	ogórek
chili	chili
pepper (vegetable)	papryka
onion	cebula
potato	ziemniak
cauliflower	kalafior
cabbage	kapusta
broccoli	brokuł
lettuce	sałata ✓
spinach	szpinak
bamboo (food)	bambus
corn	kukurydza

1276 - 1300

celery	seler
pea	groch
bean	fasola
pear	gruszka
apple	jabłko
peel	skórka
pith	pestka
olive	oliwka
date (food)	daktyl
fig	figa
coconut	kokos
almond	migdał
hazelnut	orzech laskowy
peanut	orzech ziemny
banana	banan
mango	mango
kiwi	kiwi
avocado	awokado
pineapple	ananas
water melon	arbuz
grape	winogrono
~~sugar~~ honey melon	melon miodowy
raspberry	malina
blueberry	jagoda
strawberry	truskawka

1301 - 1325

cherry	wiśnia
plum	śliwka
apricot	morela
peach	brzoskwinia
lemon	cytryna
grapefruit	grejpfrut
orange (food)	pomarańcza
tomato	pomidor
mint	mięta
lemongrass	trawa cytrynowa
cinnamon	cynamon
vanilla	wanilia
salt	sól
pepper (spice)	pieprz
curry	curry
tobacco	tytoń
tofu	tofu
vinegar	ocet
noodle	makaron
soy milk	mleko sojowe
flour	mąka
rice	ryż
oat	owies
wheat	pszenica
soy	soja

1326 - 1350

nut	orzech
scrambled eggs	jajecznica
porridge	owsianka
cereal	płatki śniadaniowe
honey	miód
jam	dżem
chewing gum	guma do żucia
apple pie	szarlotka
waffle	gofr
pancake	naleśnik
cookie	ciastko ✓
pudding	budyń
muffin	muffinka
doughnut	pączek
energy drink	napój energetyzujący
orange juice	sok pomarańczowy ✓
apple juice	sok jabłkowy
milkshake	koktajl lodowy
coke	coca cola
lemonade	lemoniada
hot chocolate	gorąca czekolada
milk tea	bawarka
green tea	zielona herbata
black tea	czarna herbata
tap water	woda z kranu

1351 - 1375

cocktail	koktajl
champagne	szampan
rum	rum
whiskey	whisky
vodka	wódka
buffet	bufet
tip	napiwek
menu	menu
seafood	owoce morza
snack	przekąska
side dish	przystawka
spaghetti	spaghetti
roast chicken	pieczony kurczak
potato salad	sałatka ziemniaczana
mustard	musztarda
sushi	sushi
popcorn	popcorn
nachos	nachos
chips	chipsy
French fries	frytki
chicken wings	skrzydełka z kurczaka
mayonnaise	majonez
tomato sauce	keczup
sandwich	kanapka
hot dog	hot dog

1376 - 1400

burger	burger
booking	rezerwacja
hostel	schronisko
visa	wiza
passport	paszport
diary	dziennik
postcard	pocztówka
backpack	plecak
campfire	ognisko
sleeping bag	śpiwór
tent	namiot
camping	kemping
membership	członkostwo
reservation	rezerwacja
dorm room	pokój w akademiku
double room	pokój dwuosobowy
single room	pokój jednoosobowy
luggage	bagaż
lobby	lobby
decade	dekada
century	wiek
millennium	tysiąclecie
Thanksgiving	Święto Dziękczynienia
Halloween	Halloween
Ramadan	Ramadan

1401 - 1425

grandchild	wnuk
siblings	rodzeństwo
mother-in-law	teściowa
father-in-law	teść
granddaughter	wnuczka
grandson	wnuk
son-in-law	zięć
daughter-in-law	synowa
nephew	bratanek
niece	siostrzenica
cousin (female)	kuzynka
cousin (male)	kuzyn
cemetery	cmentarz
gender	płeć
urn	urna
orphan	sierota
corpse	zwłoki
coffin	trumna
retirement	emerytura
funeral	pogrzeb
honeymoon	miesiąc miodowy
wedding ring	obrączka
lovesickness	chory z miłości
vocational training	szkoła zawodowa
high school	liceum

1426 - 1450

junior school	gimnazjum
twins	bliźnięta
primary school	szkoła podstawowa
kindergarten	przedszkole
birth	narodziny
birth certificate	akt urodzenia
hand brake	hamulec ręczny
battery	bateria
motor	silnik
windscreen wiper	wycieraczka
GPS	GPS
airbag	poduszka powietrzna
horn	klakson
clutch	sprzęgło
brake	hamulec
throttle	pedał gazu
steering wheel	kierownica
petrol	benzyna
diesel	diesel
seatbelt	pas bezpieczeństwa
bonnet	maska
tyre	opona
rear trunk	bagażnik
railtrack	tory kolejowe
ticket vending machine	automat biletowy

1451 - 1475

ticket office	kasa biletowa
subway	metro
high-speed train	pociąg szybkobieżny
locomotive	lokomotywa
platform	peron
tram	tramwaj
school bus	autobus szkolny
minibus	minibus
fare	opłata za przejazd
timetable	rozkład jazdy
airport	lotnisko
departure	odlot
arrival	przylot
customs	urząd celny
airline	linia lotnicza
helicopter	helikopter
check-in desk	stanowisko odprawy
carry-on luggage	bagaż podręczny
first class	klasa pierwsza
economy class	klasa ekonomiczna
business class	klasa biznes
emergency exit (on plane)	wyjście bezpieczeństwa
aisle	przejście
window (in plane)	okno
row	rząd

1476 - 1500

wing	skrzydło
engine	silnik
cockpit	kokpit
life jacket	kamizelka ratunkowa
container	kontener
submarine	łódź podwodna
cruise ship	statek wycieczkowy
container ship	kontenerowiec
yacht	jacht
ferry	prom
harbour	port
lifeboat	łódź ratunkowa
radar	radar
anchor	kotwica
life buoy	koło ratunkowe
street light	latarnia
pavement	chodnik
petrol station	stacja benzynowa
construction site	plac budowy
speed limit	ograniczenie prędkości
pedestrian crossing	przejście dla pieszych
one-way street	ulica jednokierunkowa
toll	opłata drogowa
intersection	skrzyżowanie
traffic jam	korek uliczny

1501 - 1525

motorway	autostrada
tank	czołg
road roller	walec drogowy
excavator	koparka
tractor	traktor
air pump	pompa powietrzna
chain	łańcuch
jack	lewarek
trailer	przyczepa
motor scooter	skuter
cable car	kolejka linowa
guitar	gitara
drums	perkusja
keyboard (music)	keyboard
trumpet	trąbka
piano	pianino
saxophone	saksofon
violin	skrzypce
concert	koncert
note (music)	nuta
opera	opera
orchestra	orkiestra
rap	rap
classical music	muzyka klasyczna
folk music	muzyka folkowa

1526 - 1550

rock (music)	rock
pop	pop
jazz	jazz
theatre	teatr
brush (to paint)	pędzel
samba	samba
rock 'n' roll	rock 'n' roll
Viennese waltz	walc wiedeński
tango	tango
salsa	salsa
alphabet	alfabet
novel	powieść
text	tekst
heading	nagłówek
character	czcionka
letter (like a, b, c)	litera
content	treść
photo album	album na zdjęcia
comic book	komiks
sports ground	boisko
dictionary	słownik
term	semestr
notebook	zeszyt
blackboard	tablica
schoolbag	tornister

1551 - 1575

school uniform	mundurek szkolny
geometry	geometria
politics	polityka
philosophy	filozofia
economics	ekonomia
physical education	wychowanie fizyczne
biology	biologia
mathematics	matematyka
geography	geografia
literature	literatura
Arabic	język arabski
German	język niemiecki
Japanese	język japoński
Mandarin	język mandaryński
Spanish	język hiszpański
chemistry	chemia
physics	fizyka
ruler	linijka
rubber	gumka
scissors	nożyczki
adhesive tape	taśma klejąca
glue	klej
ball pen	długopis kulkowy
paperclip	spinacz
100%	sto procent

1576 - 1600

0%	zero procent
cubic meter	metr sześcienny
square meter	metr kwadratowy
mile	mila
meter	metr
decimeter	decymetr
centimeter	centymetr
millimeter	milimetr
addition	dodawanie
subtraction	odejmowanie
multiplication	mnożenie
division	dzielenie
fraction	ułamek
sphere	kula
width	szerokość
height	wysokość
volume	objętość
curve	krzywa
angle	kąt
straight line	linia prosta
pyramid	piramida
cube	sześcian
rectangle	prostokąt
triangle	trójkąt
radius	promień

1601 - 1625

watt	wat
ampere	amper
volt	wolt
force	siła
liter	litr
milliliter	mililitr
ton	tona
kilogram	kilogram
gram	gram
magnet	magnes
microscope	mikroskop
funnel	lejek
laboratory	laboratorium
canteen	stołówka
lecture	wykład
scholarship	stypendium
diploma	dyplom
lecture theatre	sala wykładowa
3.4	trzy przecinek cztery
3 to the power of 5	trzy do potęgi piątej
4 / 2	cztery podzielone przez dwa
1 + 1 = 2	jeden plus jeden równa się dwa
full stop	kropka
6^3	sześć do sześcianu
4^2	cztery do kwadratu

1626 - 1650

contact@pinhok.com	contact małpa pinhok kropka com
&	i
/	ukośnik
()	nawias
semicolon	średnik
comma	przecinek
colon	dwukropek
www.pinhok.com	www kropka pinhok kropka com
underscore	podkreślnik
hyphen	łącznik
3 - 2	trzy minus dwa
apostrophe	apostrof
2 x 3	dwa razy trzy
1 + 2	jeden plus dwa
exclamation mark	wykrzyknik
question mark	znak zapytania
space	spacja
soil	gleba
lava	lawa
coal	węgiel
sand	piasek
clay	glina
rocket	rakieta
satellite	satelita
galaxy	galaktyka

1651 - 1675

asteroid	asteroida
continent	kontynent
equator	równik
South Pole	Biegun Południowy
North Pole	Biegun Północny
stream	potok
rainforest	las deszczowy
cave	jaskinia
waterfall	wodospad
shore	wybrzeże
glacier	lodowiec
earthquake	trzęsienie ziemi
crater	krater
volcano	wulkan
canyon	kanion
atmosphere	atmosfera
pole	biegun
12 °C	dwanaście stopni Celsjusza
0 °C	zero stopni Celsjusza
-2 °C	minus dwa stopnie Celsjusza
Fahrenheit	Fahrenheit
centigrade	stopnie Celsjusza
tornado	tornado
flood	powódź
fog	mgła

1676 - 1700

rainbow	tęcza
thunder	grzmot
lightning	błyskawica
thunderstorm	burza z piorunami
temperature	temperatura
typhoon	tajfun
hurricane	huragan
cloud	chmura
sunshine	światło słoneczne
bamboo (plant)	bambus
palm tree	palma
branch	gałąź
leaf	liść
root	korzeń
trunk	pień
cactus	kaktus
sunflower	słonecznik
seed	nasiono
blossom	kwiat
stalk	łodyga
plastic	plastik
carbon dioxide	dwutlenek węgla
solid	substancja stała
fluid	płyn
atom	atom

1701 - 1725

iron	żelazo
oxygen	tlen
flip-flops	japonki
leather shoes	buty skórzane
high heels	szpilki
trainers	tenisówki
raincoat	płaszcz przeciwdeszczowy
jeans	dżinsy
skirt	spódnica
shorts	spodenki
pantyhose	rajstopy
thong	stringi
panties	majtki
crown	korona
tattoo	tatuaż
sunglasses	okulary słoneczne
umbrella	parasol
earring	kolczyk
necklace	naszyjnik
baseball cap	czapka baseballowa
belt	pasek
tie	krawat
knit cap	dzianinowa czapka
scarf	szalik
glove	rękawica

1726 - 1750

swimsuit	kostium kąpielowy
bikini	bikini
swim trunks	kąpielówki
swim goggles	okulary do pływania
barrette	spinka do włosów
brunette	ciemnowłosy
blond	blond
bald head	łysy
straight (hair)	proste
curly	kręcone
button	guzik
zipper	zamek błyskawiczny
sleeve	rękaw
collar	kołnierz
polyester	poliester
silk	jedwab
cotton	bawełna
wool	wełna
changing room	przymierzalnia
face mask	maseczka do twarzy
perfume	perfumy
tampon	tampon
nail scissors	nożyczki do paznokci
nail clipper	obcinacz do paznokci
hair gel	żel do włosów

1751 - 1775

shower gel	żel pod prysznic
condom	prezerwatywa
shaver	golarka
razor	brzytwa
sunscreen	krem do opalania
face cream	krem do twarzy
brush (for cleaning)	szczotka
nail polish	lakier do paznokci
lip gloss	błyszczyk
nail file	pilnik do paznokci
foundation	podkład
mascara	tusz do rzęs
eye shadow	cień do powiek
warranty	gwarancja
bargain	okazja
cash register	kasa
basket	kosz
shopping mall	centrum handlowe
pharmacy	apteka
skyscraper	drapacz chmur
castle	zamek
embassy	ambasada
synagogue	synagoga
temple	świątynia
factory	fabryka

1776 - 1800

mosque	meczet
town hall	ratusz
post office	poczta
fountain	fontanna
night club	klub nocny
bench	ławka
golf course	pole golfowe
football stadium	stadion piłkarski
swimming pool (building)	basen
tennis court	kort tenisowy
tourist information	Informacja turystyczna
casino	kasyno
art gallery	galeria sztuki
museum	muzeum
national park	park narodowy
tourist guide	przewodnik turystyczny
souvenir	pamiątka
alley	aleja
dam	zapora
steel	stal
crane	dźwig
concrete	beton
scaffolding	rusztowanie
brick	cegła
paint	farba

1801 - 1825

nail	gwóźdź
screwdriver	śrubokręt
tape measure	taśma miernicza
pincers	obcęgi
hammer	młot
drilling machine	wiertarka
aquarium	akwarium
water slide	zjeżdżalnia wodna
roller coaster	kolejka górska
water park	park wodny
zoo	ogród zoologiczny
playground	plac zabaw
slide	zjeżdżalnia
swing	huśtawka
sandbox	piaskownica
helmet	kask
uniform	mundur
fire (emergency)	pożar
emergency exit (in building)	wyjście ewakuacyjne
fire alarm	alarm przeciwpożarowy
fire extinguisher	gaśnica
police station	posterunek policji
state	państwo
region	region
capital	kapitał

1826 - 1850

visitor	gość
emergency room	izba przyjęć
intensive care unit	oddział intensywnej terapii
outpatient	ambulatorium
waiting room	poczekalnia
aspirin	aspiryna
sleeping pill	pigułka nasenna
expiry date	data ważności
dosage	dawkowanie
cough syrup	syrop na kaszel
side effect	efekt uboczny
insulin	insulina
powder	proszek
capsule	kapsułka
vitamin	witamina
infusion	kroplówka
painkiller	lek przeciwbólowy
antibiotics	antybiotyk
inhaler	inhalator
bacterium	bakteria
virus	wirus
heart attack	atak serca
diarrhea	biegunka
diabetes	cukrzyca
stroke	udar

1851 - 1875

asthma	astma
cancer	nowotwór
nausea	nudności
flu	grypa
toothache	ból zęba
sunburn	oparzenie słoneczne
poisoning	zatrucie
sore throat	ból gardła
hay fever	katar sienny
stomach ache	ból brzucha
infection	infekcja
allergy	alergia
cramp	skurcz
nosebleed	krwotok z nosa
headache	ból głowy
spray	spray
syringe (tool)	strzykawka
needle	igła
dental brace	aparat ortodontyczny
crutch	kula
X-ray photograph	zdjęcie rentgenowskie
ultrasound machine	ultrasonograf
plaster	plaster
bandage	bandaż
wheelchair	wózek inwalidzki

1876 - 1900

blood test	badanie krwi
cast	gips
fever thermometer	termometr
pulse	puls
injury	zranienie
emergency	nagły wypadek
concussion	wstrząs mózgu
suture	szew
burn	oparzenie
fracture	złamanie
meditation	medytacja
massage	masaż
birth control pill	pigułka antykoncepcyjna
pregnancy test	test ciążowy
tax	podatek
meeting room	pokój spotkań
business card	wizytówka
IT	IT
human resources	zasoby ludzkie
legal department	dział prawny
accounting	rachunkowość
marketing	marketing
sales	sprzedaż
colleague	kolega
employer	pracodawca

1901 - 1925

employee	pracownik
note (information)	notatka
presentation	prezentacja
folder (physical)	teczka
rubber stamp	pieczątka
projector	projektor
text message	wiadomość tekstowa
parcel	paczka
stamp	znaczek
envelope	koperta
prime minister	premier
pharmacist	farmaceuta
firefighter	strażak
dentist	dentysta
entrepreneur	przedsiębiorca
politician	polityk
programmer	programista
stewardess	stewardesa
scientist	naukowiec
kindergarten teacher	przedszkolanka
architect	architekt
accountant	księgowy
consultant	konsultant
prosecutor	prokurator
general manager	dyrektor zarządzający

1926 - 1950

bodyguard	ochroniarz
landlord	gospodarz
conductor	konduktor
waiter	kelner
security guard	ochroniarz
soldier	żołnierz
fisherman	rybak
cleaner	sprzątacz
plumber	hydraulik
electrician	elektryk
farmer	rolnik
receptionist	recepcjonista
postman	listonosz
cashier	kasjer
hairdresser	fryzjer
author	autor
journalist	dziennikarz
photographer	fotograf
thief	złodziej
lifeguard	ratownik
singer	piosenkarz
musician	muzyk
actor	aktor
reporter	reporter
coach (sport)	trener

1951 - 1975

referee	sędzia
folder (computer)	folder
browser	przeglądarka
network	sieć
smartphone	smartfon
earphone	słuchawka
mouse (computer)	mysz
keyboard (computer)	klawiatura
hard drive	twardy dysk
USB stick	pamięć USB
scanner	skaner
printer	drukarka
screen (computer)	ekran
laptop	laptop
fingerprint	odcisk palca
suspect	podejrzany
defendant	pozwany
investment	inwestycja
stock exchange	giełda papierów wartościowych
share	akcja
dividend	dywidenda
pound	funt
euro	euro
yen	jen
yuan	juan

1976 - 2000

dollar	dolar
note (money)	banknot
coin	moneta
interest	odsetki
loan	pożyczka
account number	numer konta
bank account	konto bankowe
world record	rekord świata
stopwatch	stoper
medal	medal
cup (trophy)	puchar
robot	robot
cable	kabel
plug	wtyczka
loudspeaker	głośnik
vase	wazon
lighter	zapalniczka
package	paczka
tin	puszka
water bottle	butelka wody
candle	świeca
torch	latarka
cigarette	papieros
cigar	cygaro
compass	kompas

Printed in Poland
by Amazon Fulfillment
Poland Sp. z o.o., Wrocław